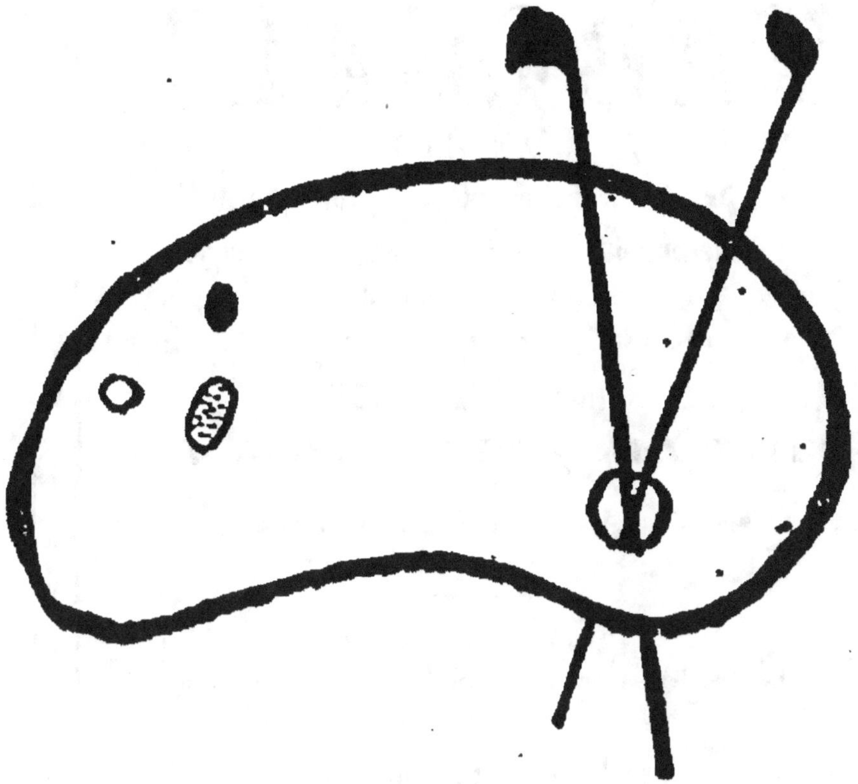

DEBUT D'UNE SERIE DE DOCUMENTS
EN COULEUR

13 janvier 1851

CATALOGUE

D'UNE COLLECTION
DE

TABLEAUX

ANCIENS

des Écoles Flamande et Hollandaise,

Provenant du Cabinet d'un Amateur étranger.

DONT LA VENTE SE FERA

LES LUNDI 13 ET MARDI 14 JANVIER 1851,

HOTEL DES VENTES

RUE DES JEUNEURS, N. 42,

Salle n° 1.

Par le ministère de M° **BONNEFONS DE LAVIALLE**,
Commissaire-Priseur.

EXPOSITION PUBLIQUE

Les Samedi 11 et Dimanche 12 Janvier 1851, de midi à 4 heures.

LE PRÉSENT CATALOGUE SE DISTRIBUE A PARIS,

Chez M° **BONNEFONS DE LAVIALLE**, Commissaire-Priseur, rue de Choiseul, 11,
M. **DEFER**, quai Voltaire, 21.

PARIS.

IMPRIMERIE ET LITHOGRAPHIE DE MAULDE ET RENOU,
RUE BAILLEUL, 9 ET 11.

1851

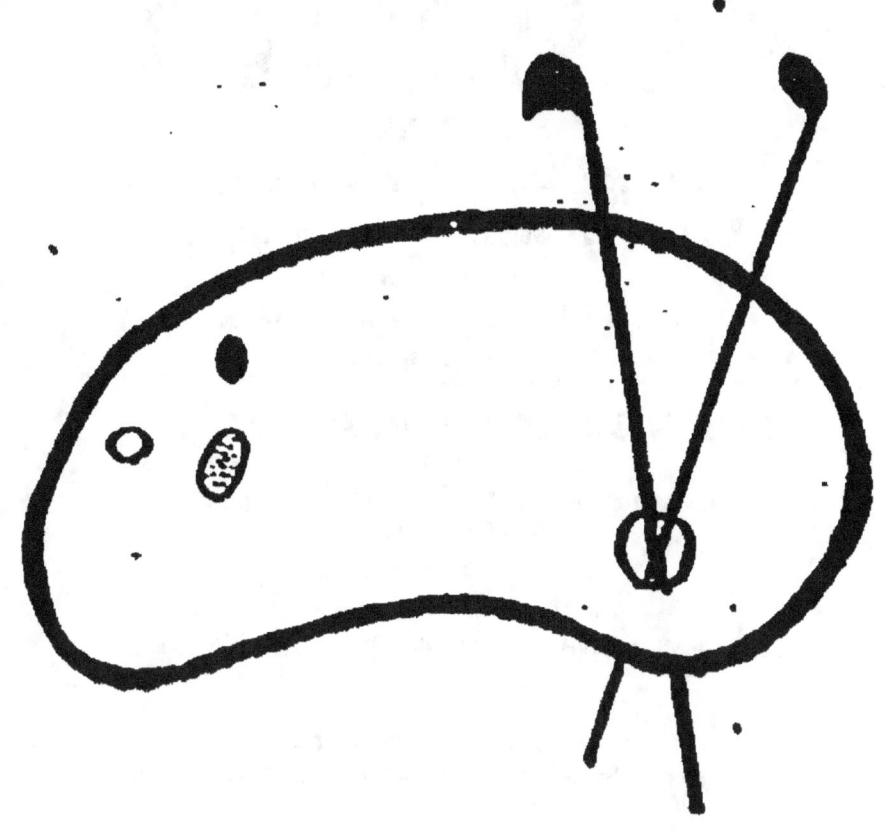

FIN D'UNE SERIE DE DOCUMENTS
EN COULEUR

CATALOGUE

D'UNE COLLECTION
DE
TABLEAUX
ANCIENS

Des Écoles Flamande et Hollandaise,

Provenant du Cabinet d'un Amateur étranger,

DONT LA VENTE SE FERA

LES LUNDI 13 ET MARDI 14 JANVIER 1851,

HOTEL DES VENTES
RUE DES JEUNEURS, N. 42,

Salle n° 1.

Par le ministère de M° BONNEFONS DE LAVIALLE,
Commissaire-Priseur.

EXPOSITION PUBLIQUE

Les Samedi 11 et Dimanche 12 Janvier 1851, de midi à 4 heures.

LE PRÉSENT CATALOGUE SE DISTRIBUE A PARIS,

Chez M° BONNEFONS DE LAVIALLE, Commissaire-Priseur, rue de Choiseul, 11,

M. DEFER, quai Voltaire, 21.

PARIS.

IMPRIMERIE ET LITHOGRAPHIE DE MAULDE ET RENOU,

RUE BAILLEUL, 9 ET 11.

1851

AVIS.

La mesure est prise en mètres et centimètres, non compris le cadre.

  B. signifie Bois.
  C. — Cuivre.
  T. — Toile.

Le cabinet de tableaux dont nous annonçons la vente provient d'un amateur zélé, qui a consacré une grande partie de sa vie à le former. La plupart des maîtres de l'école flamande et de l'école hollandaise y sont représentés par des œuvres marquantes. Un grand nombre de connaisseurs les ont jugés être les originaux des Artistes dont il est fait mention dans ce Catalogue.

N. B. En faisant imprimer ce Catalogue sur le manuscrit envoyé par le collecteur de ces Tableaux avant leur arrivée à Paris, nous indiquerons aussi que leur dimension est moyenne et de celle dite de chevalet.

CONDITIONS DE LA VENTE.

Elle sera faite au comptant.

Les acquéreurs paieront, en sus des adjudications, cinq pour cent, applicables aux frais de vente.

DÉSIGNATION
DES TABLEAUX.

BRONHORST (Pierre).

1 — Colonade d'un temple romain groupée de figures.

<small>Largeur, 0,40 ; hauteur, 0,33. T.</small>

CUYP.

2 — La fuite en Égypte ; la Vierge se repose sous un groupe d'arbres ; Joseph tenant l'Enfant-Jésus lui offre à boire ; on remarque dans ce tableau un coloris brillant qui fait ressortir avec bonheur tous les traits de ces physionomies frappantes de vérité.

<small>Tableau rond, 0,63. B.</small>

VAN HUCHTENBOURG (Jean).

3 — Bataille des Autrichiens contre les Turcs, un des chefs-d'œuvre les plus remarquables de ce maître. Le peintre a réuni dans ce tableau toutes les qualités qui le distinguent.

<small>Largeur, 0,95 ; hauteur, 0,65. B.</small>

VAN EYCK (HUBERT).

4 — Antique à deux battants ; la Vierge en prière, son mariage et l'apparition du Christ. Extérieur en grisaille Ste-Catherine et Ste-Rosalie. Ce tableau, d'un brillant coloris, est d'une parfaite conservation.

Largeur, 0,46 ; hauteur, 0,76. T.

LAMBREGT.

5 — Dans une tabagie se trouvent plusieurs hommes et plusieurs femmes devant une table chargée de mets et de bière ; un des hommes joue du violon, qu'une femme accompagne de chant ; toutes les autres figures prennent part à la joie générale ; les personnages sont bien groupés. Ce tableau, d'un grand fini, se distingue par la fraîcheur de son coloris, et peut marcher de pair avec A. Ostade.

Largeur, 0,46 ; hauteur, 0,38. T.

MOLENAER (NICOLAS-MIENSE).

6 — Intérieur ; un joueur de castagnettes debout sur une table ; un homme, tenant un pot de bière, danse avec une femme au son de cet instrument. Ce tableau, d'une parfaite exécution, est bien conservé.

Largeur, 0,27 ; hauteur, 0,31. B.

VANDEN AVONT (Pierre).

7 — Saint-Luc écrivant dans la grotte ; un éclat de lumière inspire le vieillard, dont la tête est d'une expression admirable ; ton chaud, touche hardie et vigoureuse.
Largeur, 0,43 ; hauteur, 0,36. B.

VAN BERGE (Thiery).

8 — Maison rustique ; sur l'avant plan, trois vaches, chèvres, chien, poules ; le tout est d'une belle exécution et d'un ton chaud.
Largeur, 0,45 ; hauteur, 0,33. B.

POUSSIN (Nicolas).

9 — La bénédiction des enfants. Il nous serait impossible de décrire les diverses scènes de cet intéressant tableau ; nous laisserons la surprise aux amateurs de bonne peinture ; contentons-nous de dire que c'est une des œuvres les plus remarquables de ce maître, qui a réuni dans ce tableau de chevalet les qualités qui le distinguent.
Largeur, 0,56 ; hauteur, 0,48. T.

SNAYERS (Pierre).

10 — Choc de cavaliers. L'action est animée ; Snayers n'a jamais eu la prétention de représenter une bataille rangée, il s'est contenté de grouper une escarmouche ou des attaques isolées ; cette réserve lui a permis de tirer de son pinceau fin et délié des ressources merveilleuses.
Largeur, 0,62 ; hauteur, 0,42. B.

COURTOIS (Jacques dit le Bourguignon).

11 — Choc de cavaliers. A droite se trouve un ancien fort, au fond une ville entourée d'eau ; une admirable harmonie, une touche large et spirituelle, caractérisent ce tableau.

Largeur, 0,37 ; hauteur, 0,28. T.

VAN HELMONT (M.).

12 — Tentation de St-Antoine.

Largeur, 0,21 ; hauteur, 0,24. T.

VAN DEELEN (T.).

13 — Intérieur d'un temple protestant avec trois belles figures ; effet de lumière.

Largeur, 0,22 ; hauteur, 0,27. B.

WAUWERMANS (Pierre).

14 — Paysage ; halte de chevaux, petit tableau d'un faire léger et délicat, plein de moelleux et de finesse.

Largeur, 0,19 ; hauteur, 0,23. B.

BRAUWER (Anderian).

15 — Un homme caressant une canette ; un ton harmonieux, une touche délicate et spirituelle, caractérisent ce charmant tableau.

Largeur, 0,23 ; hauteur, 0,26. B.

COURTOIS (J. dit le Bourguignon).

16 — Pendant du n° 11, bataille.

MARCELLIS (Otto).

17 — Serpent, oiseaux, papillons et insectes.

Largeur, 0,53 ; hauteur, 0,60. T.

MOUCHERON (J.).

18 — Superbe ruine romaine ; sur l'avant plan, quantité de figures, vaches, etc. ; d'une parfaite exécution.

Largeur, 0,58 ; hauteur, 0,43. T.

GRIFF (A.).

19 — Chien et gibier mort.

Largeur, 0,64 ; hauteur, 0,50. T.

VANHOEK (J.).

20 — La Vierge tenant l'Enfant-Jésus sur son giron ; près d'elle sainte Anne le contemplant ; l'Enfant-Jésus tient dans la main une grappe de raisin.

Largeur, 0,63 ; hauteur, 0,76. T.

OTTO VENIUS (Vander-Veen).

21 — L'enterrement du Christ.

Largeur, 1,47 ; hauteur, 0,93. B.

ELGER (Ottomar).

22 — Médaillon entouré d'une guirlande de fleurs et de fruits.

Largeur, 0,66 ; hauteur, 0,93. T.

RUBENS (P.-P.).

23 — L'enfant prodigue : ce tableau représente à l'avant plan l'enfant prodigue gardien de porcs, dans le fond un paysage qui représente quelques autres scènes de sa vie. Ce tableau est très bien conservé, d'un coloris brillant, d'une exécution large et parfaite, qui décèle le grand maître.

Largeur, 0,60 ; hauteur, 0,50. B.

DEBLICK (D.).

24 — Vue extérieure d'un palais, d'une belle architecture ; au fond du tableau, on distingue une vue perspective de jardins ; des colonnades et des figures ornent ce tableau, d'un coloris plein de fraîcheur et d'un effet ravissant. Les œuvres de Deblick sont rares et recherchées.

Largeur, 0,50 ; hauteur, 1,10. B.

BREUGHEL (P. surnommé le Drôle).

25 — Paysage orné de figures, de la touche connue de ce peintre.

Largeur, 0,36 ; hauteur, 0,26. B.

ALBANI.

26 — Vénus protégés par les Amours contre les Satires. Peu de peintres ont compris comme Albani la sage réserve avec laquelle il faut tenter des sujets si éminemment classiques. Aussi ses œuvres respirent-elles un parfum antique ; la perfection du dessin, la couleur forte, la re-

cherche des tons les plus harmonieux, les
chairs d'une pureté et d'une fraîcheur admirables, distinguent ce tableau.

Largeur, 0,93 ; hauteur, 0,70. T.

VAN HERCK.

27 — Médaillon représentant la Vierge entourée d'une guirlande de fleurs ; choix de couleurs, agéable exécution.

Largeur, 0,40 ; hauteur, 0,50. T.

VANDER VÉEN (ou Otto Venius).

28 — Les Anges en adoration devant l'Enfant-Jésus, la Vierge à genoux en prière, saint Joseph en contemplation : on ne peut comparer la touche, le naturel et la vigueur des chairs qu'à la manière de Rubens, qui fut son élève.

Largeur, 0,50 ; hauteur, 0,64. B.

VANDE VELDE (Guillaume).

29 — Un orage plane sur la mer ; dans le lointain on voit des vaisseaux se débattant contre les vagues ; sur l'avant-plan se trouve une chaloupe dont le personnel s'occupe à lever l'ancre. Aux qualités de la composition de ce tableau se joignent une couleur pleine de transparence et un fini qui relèvent jusqu'au moindre détail le talent de ce grand peintre.

Largeur, 0,82 ; hauteur, 0,53. B.

BRAEMER (Léonard).

30 — L'adoration des Mages. Ce tableau est un des plus brillants que ce peintre ait produits ; la conservation en est parfaite, les caractères des têtes sont très variés, les costumes brillants et riches ; enfin, ce tableau est peint avec une précision et une fermeté que l'on rencontre rarement.

Largeur, 0,73 ; hauteur, 0,90. D.

RUYSDAEL (Jacques).

31 — A gauche une chaumière entourée d'un groupe d'arbres de haute futaie, à droite une cascade surmontée d'un pont, dans le fond du tableau le peintre a jeté un demi-jour, on croit voir flotter les nuages au ciel ; quelques figures animent et complètent cette composition remarquable.

Largeur, 0,64 ; hauteur, 0,48. B.

DOUW (Gérard).

32 — Vieille femme se laissant caresser par un jeune garçon ; la lumière est entièrement reportée sur les figures et les mains, le beau dessin, l'expression des regards, le moelleux et la vigueur de la touche, font classer ce tableau parmi les chefs-d'œuvres des plus grands maîtres. Vue à distance, les portraits paraissent vivre, tant il y a de lumière et d'effet.

Largeur, 0,49 ; hauteur, 0,59. T.

VANTHULDEN (Th.).

33 — La descente de la croix d'après le tableau de P.-P. Rubens à Anvers,
Largeur, 0,46 ; hauteur, 0,60. B.

WYCK (Thomas).

34 — Vue d'un port de mer avec plusieurs vaisseaux ; ce tableau est orné de quantité de figures de nations différentes, spirituellement touchées.
Largeur, 0,60 ; hauteur, 0,40. B.

LAMBREGT.

35 — Pendant du n° 5 ; une tabagie.

TENIERS (David le jeune).

36 — Intérieur ; sur l'avant-plan est assis devant un escabeau un jeune homme à toque rouge, humectant lentement une pipe, sa figure paraît calme et radieuse ; sur l'escabeau sont éparpillés des papiers, une canette, un petit pot de terre contenant des charbons brûlants ; à droite, au fond, sont attablés trois joueurs de cartes très animés, deux hommes sont debout et suivent le jeu avec intérêt, un autre personnage se trouve debout dans un coin ; rien de plus vrai, de plus spirituellement animé que le jeu de ces physionomies qui viennent trouver dans le fond de leur pot de bière et les cartes, l'oubli de tout souci ; tous les accessoires de ce petit tableau sont d'un soin et d'un fini dignes du grand peintre flamand.
Largeur, 0,32 ; hauteur, 0,23. C.

WAUWERMANS (Philippe).

37 — Sur l'avant-plan, un cheval blanc broute l'herbe ; un homme, se reposant sur un tronc d'arbre, entame la conversation avec une jeune fille qui passe ; dans le fond on voit un voyageur à cheval, un paysan conduisant une petite charrue ; ce petit tableau a beaucoup d'effet, et les détails en sont d'un fini remarquable.

Largeur, 0,19 ; hauteur, 0,25. B.

OSTADE (Adrien).

38 — Intérieur ; deux compères assis devant un pot de bière sont en conversation, l'un tient la pipe en main, l'autre a les coudes appuyés sur les genoux ; un troisième, debout, le verre à la main, semble les défier à en faire autant.

Largeur, 0,37 ; hauteur, 0,28. B.

TENIERS (David le jeune).

39 — Paysage montagneux : on voit sur le premier plan, à droite, un énorme rocher ; l'orage plane dans l'air, les éclairs dans le lointain jettent une teinte lumineuse sur tout le tableau, un coup de vent brise les arbres ; les hommes sur la route sont effrayés et peuvent se soutenir à peine. Cette production remarquable prouve que le génie n'abandonnait jamais l'illustre peintre flamand, quel que fût le sujet qu'il traitât.

Largeur, 0,35 ; hauteur, 0,43. B.

RUBENS (P.-P.).

40 — Ensevelissement du Christ. Belle composition de neuf figures.

<small>Largeur, 0,60 ; hauteur, 0,40. B.</small>

VAN TILBORG (Gilles).

41 — Intérieur ; deux compères en conversation devant une table sur laquelle se trouve un plat de viande, un pain et une nappe ; la conversation est sérieuse, le plus jeune écoute tenant sa pipe à la main, l'autre en narrant verse à boire. Une admirable harmonie de tons, une touche délicate, distinguent cette œuvre.

<small>Largeur, 0,30 ; hauteur, 0,21. B.</small>

BRYDEL.

42 — Paysage enrichi d'un grand nombre de figures de petite dimension.

<small>Largeur, 0,20 ; hauteur, 0,26. T.</small>

SEGHERS (Daniel).

43 — Petit bouquet de différentes fleurs.

<small>Largeur, 0,16 ; hauteur, 0,13. C.</small>

DE CRAYER (Gaspard).

44 — L'adoration des bergers. Quoique ce sujet soit de ceux où l'imagination du peintre doit se plier aux exigences de la tradition, Crayer a cependant trouvé moyen de donner carrière à la fougue de son esprit ardent. Dans la manière de mêler et confondre les groupes, il a cher-

ché à obtenir un des effets de couleur les plus difficiles à atteindre, il a voulu que la figure de la Vierge restât dominante. Cette belle composition est d'une franchise de dessin et d'une harmonie qui doivent lui assigner un des premiers rangs parmi les productions de ce grand maître.

Largeur, 0,32 ; hauteur, 0,72. T.

ROSA (Salvator).

45 — Combat de cavaliers ; peinture large, action pleine de fougue.

Largeur, 0,40 ; hauteur, 0,20. C.

RUYSDAEL (Jacques).

46 — Le crépuscule dans un paysage montagneux, on voit sur le premier plan un berger causant avec une femme assise sur un mulet. Tableau très bien conservé de ce maître célèbre.

Largeur, 0,52; hauteur, 0,32. B.

BOSSAERT (Jean).

47 — Bataille des Amazones, l'attaque est vigoureuse et acharnée. Cette composition, chaude de ton, est harmonieuse de couleur.

Largeur, 0,63 ; hauteur, 0,48. B.

VANHELMONT (Mathieu)

48 — Intérieur rustique; sur l'avant-plan deux joueurs de cartes, l'un désolé de perdre, l'autre très enjoué de son triomphe, un troisième suit le

jeu tenant d'une main la pinte, de l'autre une pipe. Sous l'âtre de la cheminée sont groupés quatre autres individus, occupés à boire et à manger, plusieurs autres figures complètent cette composition.

Largeur, 0,43 ; hauteur, 0,30. T.

BREUGHEL (P. surnommé le Drole).

49 — Un jour de fête. Une foule nombreuse occupe une place publique, on voit que la boisson a fait une vive impression sur les villageois dont le peintre a suivi le type original.

Largeur, 0,66 ; hauteur, 0,46. B.

NETSCHER (Gaspard).

50 — Une jeune fille devant la statue de Flore.

Largeur, 0,32 ; hauteur, 0,50. Maroufle.

HEEMSKERK (Eybert).

51 — Intérieur. La partie de trictrac; composition de trois figures. Ce petit tableau est d'une finesse très agréable.

Largeur, 0,23 ; hauteur, 0,29. T.

VAN KESSEL (Nicolas).

52 — Intérieur; un homme et une femme assis devant une table sont à boire et à fumer. Une couleur forte, des types pleins de franchise et d'originalité distinguent ce petit tableau.

Largeur, 0,25 ; hauteur, 0,28. B.

DAVINCI (Léonard).

53 — Portrait de Françoise de Rimini.

Largeur, 0,24 ; hauteur, 0,29. B.

KALF (Guillaume).

54 — Intérieur rustique d'une cuisine; une femme récure une marmite, elle est entourée de toute une batterie de cuivre et de différents légumes.

Largeur, 0,42 ; hauteur, 0,32. B.

MEYER (Félix).

55 — Paysage montagneux ; sur l'avant plan une cascade se précipite, d'énormes rochers dans une rivière, à gauche un vieux château, plusieurs figures enrichissent ce paysage.

Largeur, 0,50; hauteur, 0,39. T.

VAN CRAASBEEK (Jost).

56 — Une femme qui sert à boire à deux paysans. Sujet burlesque peint avec beaucoup d'expression.

Largeur, 0,23 ; hauteur, 0,29. B.

INCONNU.

57 — Antique; l'Adoration des Mages, à gauche la Sainte-Famille ; la Vierge assise tient l'Enfant-Jésus sur son giron. Cette œuvre se distingue par une grande fraîcheur, une finesse extrême et une charmante expression de figures,

Largeur, 0,20 ; hauteur, 0,27. C.

SWART (Jean).

58 — Ruines, une caravane dans les montagnes, composée de femmes sur des chameaux et d'hommes à cheval.

Largeur, 0,25 ; hauteur, 0,30. T.

DIETRICI (Ernest).

59 — Paysage montagneux qui se distingue par son coloris chaud et brillant, quelques jolies figures ornent ce petit tableau.

Largeur, 0,35 ; hauteur, 0,28. B.

VANKESSEL (N.).

60 — Pendant du n° 52. Intérieur.

WOLFAERTS (Artus).

61 — Enlèvement des Sabines. Cette composition, tout empreinte d'une imagination fougueuse, d'une poésie sauvage, est d'une harmonie de couleurs qui doit lui assigner un rang parmi les belles productions.

Largeur, 0,85 ; hauteur, 0,65 B.

TENIERS (David le jeune).

62 — Congrès des animaux.

Largeur, 0,43 ; hauteur, 0,40. B.

DE CRAYER (J.).

63 — Esquisse de l'empereur Constantin à cheval, dont le tableau sert de maître d'autel dans l'église d'Akkerghen à Gand.

Largeur, 0,32 ; hauteur, 0,40.

DE NOTER.

64 — Paysage, deux chevaux paissant sur l'herbe. De petite dimension.
Largeur, 0,   ; hauteur, 0,   . B.

DELVAUX (F. M.).

65 — Le Sénat de Rome. Belle architecture.
Largeur, 0,35; hauteur, 0,41. B.

DEWIT (EMMANUEL).

66 — Intérieur d'un temple protestant; traitée dans le style le plus sévère, la perspective aérienne y développe toutes ses illusions et tous ses enchantements; ce tableau est orné d'un grand nombre de figures de petites dimensions.
Largeur, 0, 25; hauteur, 0,31. T.

MOLENAAR (NICOLAS).

67 — Hiver, rivière glacée; patineurs et traîneaux. Ce paysage est remarquable par la vérité frappante de l'harmonie et des tons transparents qui règnent.
Largeur, 0,27; hauteur, 0,20. B.

BRAUWER (ADÉRIAN).

68 — Petit portrait de vieillard.
Largeur, 0, 13; hauteur, 0,10. B.

SEBRON (F. M.).

69 — Intérieur d'une Église.
Largeur, 0,35; hauteur, 0,40. T.

INCONNU.

70 — (Manière de Hobbema). Paysage boisé, un moulin à eau.

Largeur, 0,27 ; hauteur, 0,20 Bois.

VANHERCK.

71 — Pendant du n° 27. Médaillon.

Largeur, 0, ; hauteur, 0, . T.

PINAKKER (ADAM).

72 — Paysage, l'avant-plan représente plusieurs figures et chevaux, à gauche ruine d'un vieux château, au fond un lac avec quelques barques. Joli tableau plein d'harmonie et d'ensemble.

Largeur, 0,33; hauteur, 0,40. T.

POUSSIN.

73 — La multiplication des pains. (Pendant du n° 9).

Largeur, 0,56; hauteur, 0,43. T.

MICHAUX (T.).

74 — Un superbe paysage, occupé par des bouquets d'arbres bien feuillés; à gauche une montagne, un troupeau de vaches conduit par le berger descend dans la vallée, l'avant-plan est orné d'un grand nombre de figures, aussi bien exécutées que par Teniers. Les lumières sont bien distribuées, donnent de l'éclat et produisent une belle harmonie dans ce tableau qui est du plus beau faire de ce maître.

Largeur, 0,56; hauteur, 0,41. B.

PALAMEDES (Stevens).

75 — Un convoi de vivres, attaqué par la cavalerie.

Largeur, 0,46; hauteur, 0,38 B.

ASSELYN (Jean dit Krabbetie).

76 — Paysage; à droite une ruine italienne, à gauche une fontaine; sur l'avant-plan une femme montée sur un mulet cause avec un berger. Un ton sombre et poétique caractérise ce beau tableau.

Largeur, 0,48; hauteur, 0,36. B.

VAN DYCK (Antoine).

77 — Le Christ entre les deux larrons, au bas la sainte Vierge, la Magdelaine et les saintes femmes, à gauche le peuple. Le Christ et les larrons sont remarquables par la noblesse du dessin et la vérité du coloris. Ce tableau est peint pendant le séjour du grand maître en Italie, marqué 1629, époque où il commença à donner les plus grandes espérances.

Largeur, 0,50; hauteur, 0,63. B.

HOBBEMA (Minder).

78 — Paysage; dans le fond se trouve un château à tourelles, boisé de hauts arbres, tout autour coule une eau qui se perd au loin dans la plaine; quelques figures, des cygnes nageants garnissent l'ensemble, c'est une peinture franche et intelligente, comme toutes celles de cet artiste, pleine d'illusion et de vérité. Il n'y a point de

tableaux médiocres de ce maitre, celui-ci est
un de ses chefs-d'œuvre; ils sont très rares
surtout en France.

Largeur, 0,53 ; hauteur, 0,41. T.

DEHEEM (Jean David).

79 — Fruits admirablement traités et d'un fini précieux.

Largeur, 0,33; hauteur, 0,39. T.

SCHALK (Godefroi).

80 — Une femme et un homme éclairés par une bougie. Ce charmant tableau bien conservé est un chef-d'œuvre de ce maitre distingué.

Largeur, 0,35 ; hauteur, 0,29. T.

VANDEVELDE (Adrien).

81 — Paysage, des vaches, des chèvres et des moutons garnissent l'avant-plan. Le berger est assis sur l'herbe à l'ombre causant avec une jeune paysanne, les animaux sont traités avec un soin infini; une admirable harmonie de tons, une touche délicate et spirituelle, caractérisent ce tableau.

Largeur, 0,34; hauteur, 0,27. B.

BRAUWER (Adrien).

82 — Un homme asssis devant une table, sur laquelle se trouve un hareng, un pain et des ognons; un autre assis sous l'âtre de la cheminée, où brille un feu de bois, d'une main il tient un

verre à moitié bu, de l'autre sa pipe dont il
hume avec délice la fumée, à côté de lui est
sa cruche et un chat; un troisième personnage
est debout en observation : impossible à décrire le sourire sarcastique et la malicieuse
joie de l'individu assis devant la table, habillé
de haillons caressant sa canette qu'il sent
pleine encore. C'est un de ces types caractéris-
ques qui annonce irrévocablement une création
du grand maitre dont ce tableau est un des
chefs-d'œuvre.

Largeur, 0,25 ; hauteur, 0,26. B.

STEEN (Jean).

83 — Une jeune fille endormie.

Largeur, 0,25 ; hauteur, 0,26. T.

BAKHUYSEN (Louis).

84 — Une tempête sur mer; à droite du tableau est une
fortification, au fond des vaisseaux se débattent
contre la fureur des vagues, sur la côte un
naufrage dont quelques sujets se sauvent à la
nage; des groupes de curieux sont au bord de
la mer, venant voir ou soulager les infortunés de
ce désastre. Aucun peintre n'a surpassé Bakuys-
sen dans la limpidité de l'eau, sa transparence,
et son agitation, ainsi que son étude du fracas
des vagues, le choc et les débris des vaisseaux
échoués contre les rochers. Cette production
capitale est un de ses chefs-d'œuvre.

Largeur, 1,10 ; hauteur, 0,80. B.

ROTTENHAMER (Jean).

85 — L'Annonciation de la Vierge. Bon petit tableau.

Largeur, 0,13 ; hauteur, 0,17. C.

SNEYDERS (François).

86 — Fleurs et fruits; les figures sont de Jordaens. Ce tableau est exécuté avec l'habileté ordinaire de ces grands maîtres.

Largeur, 0,70 ; hauteur, 0,84. T.

BOCHORTS (surnommé Lange-Jean).

87 — Saint Jérôme méditant dans une grotte.

Largeur, 0,90 ; hauteur, 1,00. T.

SNEYDERS et JORDAENS.

88 — Fleurs et fruits; pendant du n° 86.

SEGHERS.

89 — Une guirlande de fleurs entoure l'image de sainte Rose; le choix, la délicatesse et une fraîcheur extraordinaire distinguent les œuvres de ce peintre habile.

Largeur, 0,80 ; hauteur, 1,10. T.

OSTADE (Adrien).

90 — Un fumeur assis devant le feu.

Largeur, 0,18 ; hauteur, 0,22. B.

BRYDEL.

91 — Paysage, pendant du n° 42.

SAFLEEVE.

92 — Intérieur rustique, un cuisinier plumant des perdreaux, autour de lui sont éparpillés des légumes, des poulets et ustensiles de cuisine.

Largeur, 0,63 ; hauteur, 0,48. B.

BRYDEL.

03 — Choc de cavalerie. Il est inutile de rappeler ici les qualités qui distinguent ce peintre si reconnaissable.

Largeur, 0 ; hauteur, 0.

VAN DYCK (Antoine).

94 — Notre Seigneur mort sur la croix. Ce tableau de chevalet, par son dessin, son coloris et la poésie, est incontestablement une des productions rares de ce grand maître, et un de ses chefs-d'œuvres.

Largeur, 0,42 ; hauteur, 0,60. T.

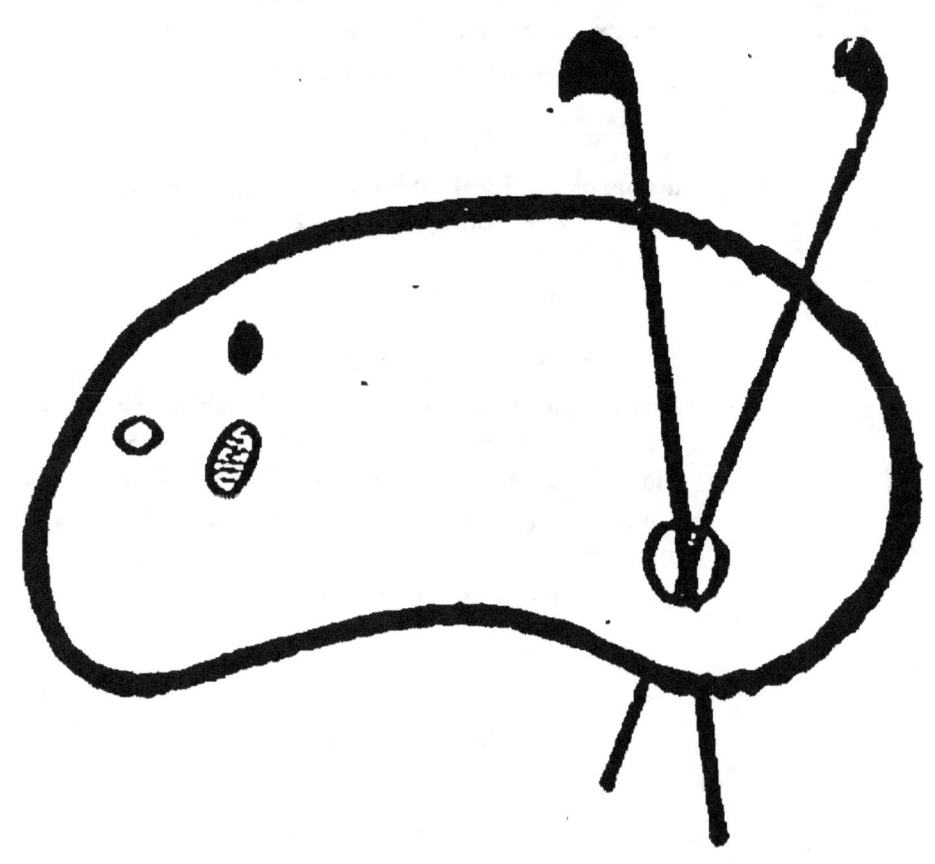

ORIGINAL EN COULEUR
NF Z 43-120-8

www.ingramcontent.com/pod-product-compliance
Lightning Source LLC
Chambersburg PA
CBHW030107230526
45471CB00003B/1293